Un Sacre - Royal

# IMAGES·HISTORIQUES

## GASTON SCHEFER

# UN·SACRE·ROYAL
## DANS·LA
# CATHÉDRALE·DE·REIMS
## LE·SACRE·DE·LOUIS·XV

## H.LAURENS
### ÉDITEUR·PARIS

# LE SACRE DE LOUIS XV

# IMAGES HISTORIQUES

*Parus :*

La Marseillaise et Le Chant du Départ.

Un Sacre a Reims : Le Sacre de Louis XV.

La Colonne de la Grande-Armée.

Reims avant la Guerre.

Soissons avant la Guerre.

*En préparation :*

Reims pendant et après la Guerre.

Soissons pendant et après la Guerre.

IMPRIMERIE CH. HÉRISSEY
ÉVREUX

# IMAGES HISTORIQUES

## UN SACRE ROYAL

DANS LA

# CATHÉDRALE DE REIMS

## LE SACRE DE LOUIS XV

PAR

### GASTON SCHÉFER

CONSERVATEUR A LA BIBLIOTHÈQUE DE L'ARSENAL

QUARANTE-DEUX ILLUSTRATIONS

**PARIS**

HENRI LAURENS, ÉDITEUR

6, Rue de Tournon, 6

# UN SACRE ROYAL



# LA CATHÉDRALE DE REIMS

## LE SACRE DE LOUIS XV

*Texte de Gaston SCHEFER.*

EMOIN séculaire de toutes les grandeurs de la France, la Cathédrale de Reims avait, au cours des âges, vu passer, devant ses tours, d'innombrables armées, flux et reflux des victoires ou des défaites. Mais elle était restée debout, protégée par sa sainteté, ses souvenirs et sa gloire. Une invasion de Germains, ivres d'orgueil et de jalousie, a voulu anéantir ce sanctuaire vénérable, comme si les balles et les bombes pouvaient tuer les traditions.

L'unique résultat de cette basse vengeance a été de forcer le monde entier à tourner les yeux vers cette église, berceau de l'ancienne France. On s'est souvenu de tous les événements héroïques dont ses murs avaient été spectateurs et jamais la noble cathédrale n'a paru plus solide que depuis sa destruction.

Le sacre de la plupart de nos rois, depuis Clovis, a été un de ses plus beaux privilèges. Il nous semble à propos d'évoquer aujourd'hui, devant ces ruines, le souvenir de ces solennités d'autrefois et surtout celui de la cérémonie auguste que fut un Sacre royal sous la monarchie française. Celui de Louis XV, en 1722, mérite d'être choisi comme exemple pour l'abondance et la valeur des documents artistiques qui en ont été conservés.

L'acte fondamental du Sacre, celui qui crée le Roi de droit divin, est l'Onction faite avec le baume de la Sainte Ampoule. Toutes les cérémonies qui le précèdent et le suivent, en sont le prélude ou la conclusion. La grandeur sans cesse accrue de la monarchie, le développement du faste, les

PREMIER HABILLEMENT DU ROI.

SECOND HABILLEMENT DU ROI.

ont rendues peu à peu si importantes que l'acte solennel de l'Onction s'y est trouvé comme perdu. Il n'en est pas moins resté le Sacre tout entier.

La légende de la Sainte Ampoule n'est pas contemporaine du baptême de Clovis : elle est rapportée, pour la première fois, trois siècles plus tard, par l'archevêque de Reims, Hincmar. Le jour du baptême de Clovis par saint Rémy, la foule était si grande dans l'église, que le prêtre qui portait le Saint Chrême ne put arriver jusqu'au baptistère et que la bénédiction des fonts en était retardée. Alors saint Rémy, levant les yeux vers le ciel, pria en silence et avec larmes, et une colombe blanche comme la neige apparut, portant dans son bec une ampoule pleine d'un baume céleste qui répandait une odeur délicieuse. L'évêque prit l'ampoule, aspergea de ce chrême l'eau baptismale, et la colombe disparut aussitôt. C'est ce baume qui, désormais, servit à consacrer les rois de France.

TROISIÈME HABILLEMENT DU ROI.

La Sainte Ampoule, dès les premiers temps, fut conservée, non dans l'église de Reims, mais dans l'abbaye de St-Rémy. Pour le Sacre, elle était apportée par le Grand Prieur de St-Rémy, monté sur une haquenée blanche, marchant sous un dais de toile d'argent et accompagné des quatre barons de la Sainte Ampoule, leurs pennons déployés : il la portait dans un reliquaire rond, suspendu à son cou. En même temps, quatre seigneurs, désignés par le Roi, se constituaient prisonniers dans l'abbaye, en otages de sa restitution. Ce cérémonial fut exactement suivi jusqu'à la fin de la monarchie.

Des rites étroits réglaient la Consécration dans ses moindres détails. L'archevêque de Reims, officiant, plaçait au milieu de l'autel la patène d'or de saint Rémy, sur laquelle il versait du Saint Chrême « autant qu'il en fallait pour sacrer un évêque », puis, il retirait de la Sainte Ampoule, avec l'aiguille d'or qui y était attachée, un peu de baume, de la grosseur d'un grain de blé et le mêlait au Saint Chrême, avec les doigts. Le Roi s'agenouillait devant l'archevêque et celui-ci, prenant l'onction avec le pouce

droit, la posait sur le sommet de la tête, sur la poitrine, entre les deux épaules, sur les épaules droite et gauche, aux jointures des deux bras, enfin sur la paume des deux mains. C'est ainsi qu'était consacré le Roi, disons plus exactement, l'Enfant-roi. Saint Louis fut sacré à onze ans, Charles VI à douze, Charles IX et Louis XIII à dix, Louis XIV à seize, Louis XV à douze [1].

Louis XV partit le 16 octobre 1722, de Versailles, et arriva le même jour au palais des Tuileries, où il fut reçu par le Régent. Tout le peuple de Paris l'accueillit avec des acclamations enthousiastes. Le lendemain, il

1. *Le Sacre de Louis XV dans l'église de Reims*, le dimanche 25 octobre 1722, rédigé par Ant. Danchet, de l'Académie française, l'abbé Bignon et M. Gros de Boze, les plans levés et dessinés par d'Ulin, avec un grand nombre d'estampes de différents graveurs (Duchange, Cochin, Tardieu, Desplaces, Dupuis, Edelinck, Audran) ; grand in-folio. — *Journal du voyage du Roy à Rheims*, contenant ce qui s'est passé de plus remarquable à la cérémonie de son sacre... Mercure, novembre 1722.

GRAND CHAMBELLAN
Prince de Tarente.

GOUVERNEUR DU ROY
Duc de Charost.

CAPITAINE DES CENT-SUISSES
DE LA GARDE DU ROY
Marquis de Courtenvaux.

GRAND MAITRE
DES CÉRÉMONIES
Marquis de Dreux.

CHANCELIER
GARDE DES SCEAUX
M. d'Armenonville.

se mit en route pour Reims en passant par Soissons. Là, il entendit la
messe dans la cathédrale, et, ayant aperçu quelques-uns de ses pages sur
le haut de la tour, il eut la curiosité d'y monter en s'y faisant suivre de
tous ses courtisans. Le 22, il arriva à Reims, où il fit son entrée solennelle.
Le surlendemain, dimanche 25, commencent les cérémonies du Sacre.

Dès le matin, l'évêque de Laon et l'évêque de Beauvais, accompagnés
des chanoines, d'enfants de chœur et de chantres, se présentent à l'Archevêché où loge le Roi. Arrivés devant la porte de sa chambre, le chantre y
frappe de son bâton d'argent et dit qu'il demande Louis XV. « Le Roi dort »
répond, de l'autre côté de la porte et sans l'ouvrir, le Grand Chambellan de
France. Après cette question répétée trois fois, l'évêque de Laon ayant dit :
« Nous demandons Louis XV que Dieu nous a donné pour Roy », la porte
s'ouvre et le cortège entre.

Le Roi est couché sur un lit de parade, déjà revêtu du costume préparé
pour la consécration : une tunique de satin cramoisi, ouverte aux endroits
où les onctions devaient être faites, et recouverte d'une tunique de toile
d'argent. Il est coiffé d'une toque de velours noir, ornée de plumes entre-
mêlées de diamants. Après les prières d'usage, les deux évêques l'ayant pris,

CARDINAL ASSISTANT
Cardinal de Rohan.

HUISSIER
DE LA CHAMBRE
DU ROY.

SEIGNEUR OTAGE
DE LA SAINTE-AMPOULE
Marquis d'Alègre.

UN DES GARDES
DE LA
PRÉVÔTÉ DE L'HÔTEL.

CHEVALIER DES ORDRES DU ROY
PORTANT LES OFFRANDES
Maréchal de Tallard.

CONSEILLER D'ÉTAT ASSISTANT    CHEVALIER COMTE DANS    SECRÉTAIRE D'ÉTAT    GRAND PRÉVÔT DE L'HÔTEL    ROI D'ARMES
Le Porteur des Bois    DE LA SAINTE AMPOULE.    Comte de Maurepas.    Comte de Montormau.

chacun par un bras, et, l'ayant soulevé, le conduisent processionnellement à la cathédrale par une galerie de bois ouverte, dont le plancher est couvert d'un tapis fleurdelysé et les parois ornées des tapisseries de la Couronne.

Cette procession comprend tous les personnages qui doivent pénétrer dans l'église : les Gardes de la Prévôté de l'Hôtel, les Cent-Suisses, le Clergé. Puis, après le Grand-Maître des Cérémonies et les Maréchaux, paraît le vieux maréchal de Villars, le vainqueur de Denain, représentant le Connétable et marchant seul, l'épée nue à la main, ayant sur la tête une couronne de comte de vermeil doré. Enfin, voici le Roi accompagné du duc

de Charost, son gouverneur, et des évêques qui vont le sacrer. La marche
est fermée par les Grands officiers de la Couronne et les Gardes du corps.
L'église avait été merveilleusement décorée. Au milieu du jubé, dominant
toute la nef et accessible par un double escalier, était placé, seul, le trône
où le Roi allait monter, pour recevoir l'hommage de tous les assistants.
Tout l'ensemble architectural était orné de tentures de velours violet semé
de fleurs de lys d'or ; sur les ogives de pierre, on avait tendu les plus belles
tapisseries du Roi. L'effet était à la fois grandiose et mystérieux.

Après l'intronisation et le couronnement, dans une pensée touchante
et familière, les portes de l'église sont ouvertes et la foule s'y jette pêle-
mêle, pour avoir sa part du spectacle et contempler son roi ; des oiseaux
sont lâchés, symbole de la liberté rendue aux prisonniers ; des acclamations, des salves de mousqueterie retentissent dehors ; des hérauts d'armes
distribuent des médailles d'or et d'argent frappées à l'effigie du nouveau
souverain, et la cérémonie se termine par une sorte de fête populaire,
image de l'attachement à son peuple que le Roi vient de jurer au pied de
l'autel. Enfin, après une messe solennelle, le Roi revient à l'Archevêché
pour présider le Festin royal.

C'est un festin Moyen-âge où les convives sont habillés comme au

PREMIER GENTILHOMME
DE LA CHAMBRE
Duc de Villequier.

SEIGNEUR PORTANT LA QUEUE
DU MANTEAU ROYAL
Prince Charles de Lorraine.

MAITRE
DES CÉRÉMONIES
Monsieur des Granges.

MARÉCHAL DE FRANCE
PORTANT LES HONNEURS
Maréchal d'Estrées.

CAPITAINE DES GARDES
ÉCOSSAIS
Duc de Villeroy.

xviii° siècle. Rien n'est plus singulier que de voir Louis XV, roi de douze ans, marchant vers sa table, la couronne sur la tête, tenant dans ses mains le Sceptre et la Main de justice de Charlemagne, reliques glorieuses du grand Empereur. Chaque service est précédé par les hautbois, les trompettes et les flûtes de la Chambre jouant des fanfares ; puis viennent le Grand Panne-tier de France, le Grand Échanson, le Grand Écuyer-Tranchant portant la grande cuillère, la fourchette et le grand couteau. On fait l'essai devant le Roi des viandes, du vin et de l'eau, et le festin, qui n'est qu'une cérémonie d'apparat, se poursuit pendant que les vingt-quatre violons de la Chambre du Roi jouent ces airs de fête dont la solennité nous étonne.

UN DES SIX GARDES
ÉCOSSAIS

Aux costumes près, l'illustration du Festin royal se rencontre dans les miniatures du XV° siècle. Et, sans paradoxe, pourrait-on en dire autant de tous les rites, de toutes les coutumes qui environnaient la Royauté d'autrefois, dans toutes les manifestations de sa puissance, puisque, en réalité, la monarchie du Moyen Âge se perpétua, à quelques variations près, jusqu'à la Révolution.

Louis XV, dès le lendemain du Sacre, commença ses fonctions de roi. Il se rendit, en cavalcade, avec toute la cour, à l'abbaye de Sᵗ-Rémy pour y entendre la messe. Il était vêtu d'un habit de velours rubis brodé d'or, et montait un cheval magnifiquement harnaché. De-

GRAND MAÎTRE
DE LA MAISON DU ROY
Prince de Rohan.

UN DES CENT SUISSES
DE LA GARDE.

vant lui marchaient les chevaux de son écurie, couverts de caparaçons en velours bleu, brodés d'or et d'argent, menés en main par ses palfreniers et escortés par ses pages. Toute la cour, dans ses plus somptueux costumes, le suivait avec les Gardes du corps et les Gendarmes de la garde du Roi.

Le jour suivant, à la cathédrale, fut célébrée la cérémonie de l'Ordre du Saint-Esprit, qui le fit successivement novice, chevalier et Grand-Maître

de l'Ordre. Enfin, les solennités du Sacre s'achevèrent par deux actes de pitié envers les humbles et les malheureux. A l'abbaye de St-Rémy, dans les allées du parc de l'abbé, attendaient plus de deux mille malades des écrouelles. Le Roi passa, tête nue, accompagné par ses médecins et ses chirurgiens ; à ses côtés, se tenaient deux capitaines de ses Gardes du corps. Le premier médecin appuyait sa main sur la tête de chaque malade, auquel un capitaine des Gardes tenait les mains jointes ; le Roi lui appliquait sa main droite sur le visage, en disant : « Dieu te guérisse, le Roi te touche ».

Le même jour, les condamnés enfermés dans les prisons de Reims et venus de tous les points du royaume, furent mis en liberté et gratifiés de secours qui leur permirent de rentrer chez eux.

Le Roi partit de Reims le 30 octobre. Il s'arrêta au château de Villers-Cotterets, où le Régent avait préparé des fêtes inspirées par son génie aimable et en même temps spirituellement appropriées à l'âge et au caractère du jeune roi. Il avait fait construire, dans la cour du château, le décor d'une foire imitée de la Foire Saint-Germain ; mais là, les boutiques étaient tendues de velours, de brocatelle, de drap d'or et les marchands y avaient été choisis parmi les acteurs et les actrices de l'Opéra et de la Comédie Italienne. Le Roi s'y promena longtemps et tira une loterie dont tous les lots étaient bijoux ou objets rares et précieux. Le soir, les lustres, les girandoles allumés et se réfletant dans les glaces, faisaient de cette Foire de théâtre le décor d'une merveilleuse féerie.

De Villers-Cotterets, le Roi se rendit à Chantilly, où il resta quatre jours, remplis par des divertissements dramatiques, ballets ou comédies, et par des chasses dans la forêt. Enfin, il reprit le chemin de Versailles, où il entra le 10 novembre, après s'être arrêté à S^t-Denis, où, à l'exemple de ses ancêtres, il vint, au retour du Sacre, mettre sa personne et le royaume sous la protection des saints martyrs. Il achevait ainsi ce voyage enchanté, par une visite à la basilique où était déjà marquée la place de son tombeau.

LA MÉDAILLE DU SACRE, PAR DUVIVIER.